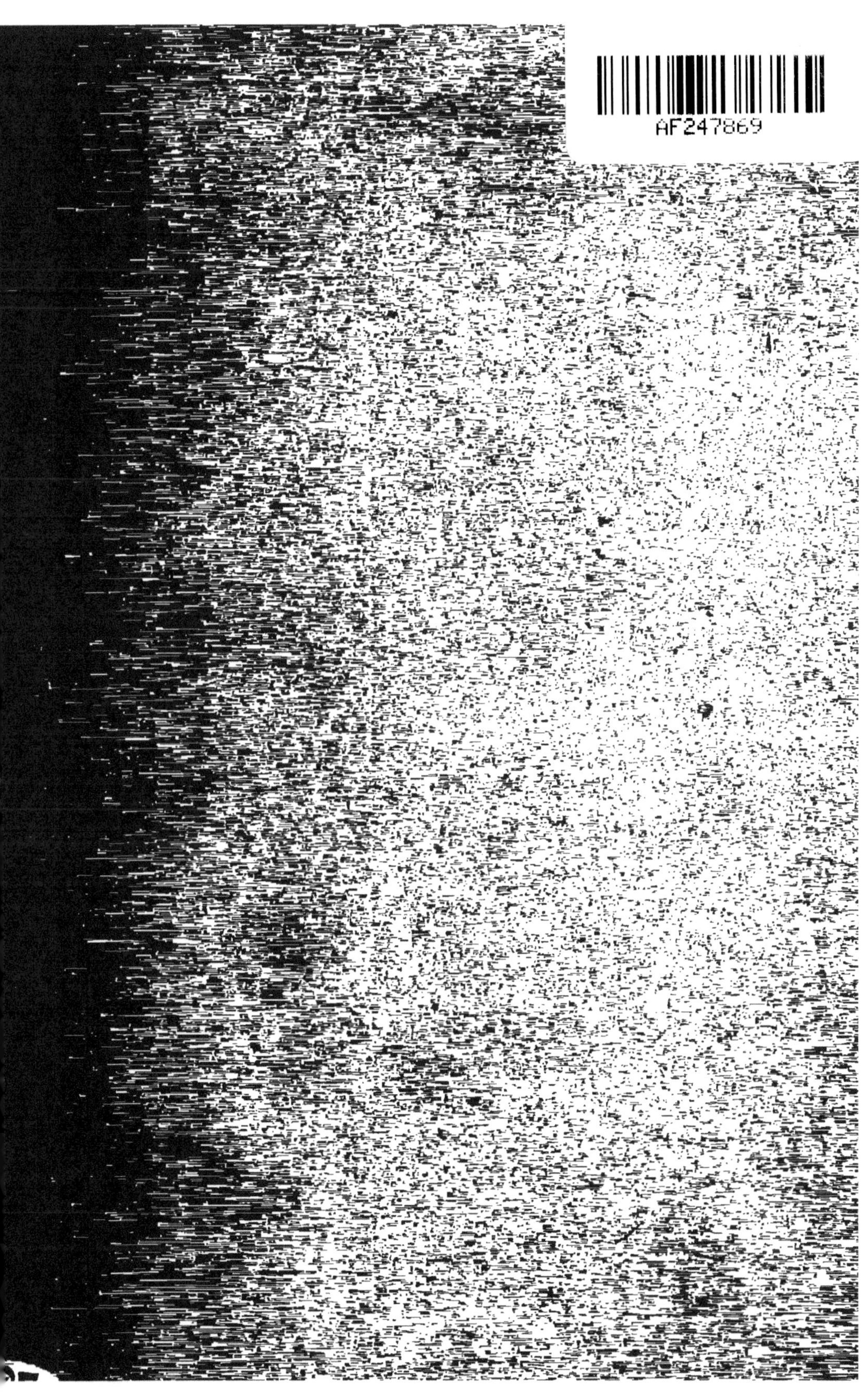
AF247869

SAINT SAVINIEN

Apôtre de Troyes

En prodiges nouveaux la Foi seule est féconde ;
Le passé l'a prouvé, l'avenir le dira :
C'est la Foi qui jadis régénéra le monde,
Et c'est encor la Foi qui le rajeunira.

Qui possède la Foi, convainc bientôt les autres :
La Foi rend éloquents les humbles, les petits.
Que savaient-ils, ceux-là qui furent les Apôtres?...
Ils croyaient..... leur parole entraîna les esprits.

Pour la Foi point d'obstacle. En riantes campagnes
La Foi peut d'un seul mot transformer les déserts :
Exhausser les vallons, transporter les montagnes,
Et bâtir, au besoin, des cités dans les airs.

Savinien, grec d'origine, naquit à Samos, île de l'Archipel, au commencement du troisième siècle. Savin, son père, qui était un personnage marquant de l'île, mais païen, fit instruire son fils dans les lettres et dans la philosophie, le confiant aux maîtres les plus habiles.

Doué d'une rare intelligence, le jeune Savinien répondit aux belles espérances qu'avait conçues le père, et devint bientôt un des plus savants d'entre les Samiens.

Ces succès n'enflèrent point le cœur de Savinien ; modeste et studieux par nature, il s'adonna avec passion à la métaphysique. Son esprit sérieux et persévérant ne tarda point à être peu satisfait de l'absurdité du culte des divinités d'Homère ; il s'indigna de tant de monstruosités. Convaincu par sa raison qu'il ne peut y avoir qu'un seul et unique Dieu, créateur et conservateur de toutes choses, il croyait déjà comme Socrate, au dieu inconnu, *Deo ignoto*.

La Providence fit tomber sous sa main les Psaumes du roi-prophète. Il y lut ce verset du Ps. 50° : *Asperges me hyssopo, et mundabor ; lavabis me et super nivem dealbabor. Vous m'arroserez d'hyssope, et je serai purifié ; vous me laverez et je deviendrai plus blanc que la neige.*

Frappé de ces mystérieuses paroles, il en cherchait le sens, sans le pouvoir pénétrer, lorsqu'un ange lui apparut et lui expliqua que l'eau régénératrice du baptême lave les chrétiens, les purifie de toute souillure, et leur rend l'âme plus blanche que la neige : soudain la vision s'évanouit.

Cette apparition illumina Savinien, et plein de zèle, il s'adonna sans réserve aux exercices de piété. Animé de l'esprit de Dieu, il communiqua à ceux qui l'entouraient l'ardeur de sa foi, leur prêchant la doctrine du Christ, par sa parole et par ses exemples.

En apprenant cette conversion inattendue, Savin fut exaspéré contre le jeune néophyte. Pour ramener son fils, il employa conseils, prières, menaces ; le tout en vain. Savinien avait reçu un rayon d'en haut, qui lui avait dessillé les yeux en lui montrant le néant et la fausseté des croyances idolâtres. Bien décidé à se soustraire à l'affectueuse persécution de son père et de ses proches, il résolut de fuir la maison paternelle, abandonnant pour le service de Dieu, honneurs, richesses et patrie, voulant rester fidèle à la foi qu'il avait enfin trouvée après tant de recherches.

Savinien partit secrètement pour aller où le conduirait l'inspiration de Dieu. Il traversa la mer et vint aborder dans les Gaules. Puis armé du bâton du pèlerin et du livre par excellence l'*Evangile*, il se dirigea vers Augustobona (Troyes), la ville des Tricasses, en l'an 270.

En approchant de la cité sur laquelle Dieu tourna un regard de complaisance, il s'arrêta sur la rive gauche de la Seine en un lieu qui l'invitait à prendre du repos. Là, l'apôtre de Jésus planta son bâton en terre, en s'écriant d'un accent prophétique : *Foy-cy*. Selon la légende, le bâton prit racine, mystérieux symbole de la Foi qui faisait déjà dans cette contrée de nombreux prosélytes.

L'endroit où s'arrêta Savinien prit le nom de *Foy cy*. Un couvent de sœurs hospitalières s'y établit au douzième siècle, sous la règle de S. Augustin : ces pieuses épouses du Christ s'unirent à celles de Fontevrault dont elles suivirent la règle jusqu'en 1793, sous le nom de couvent de Foicy, nom que conserve encore la localité, bien que le monastère n'existe plus.

Cependant Savinien n'avait point encore reçu la grâce du baptême. Un jour qu'il épanchait son âme en présence de Dieu dans l'ermitage qu'il s'était construit sur le bord du fleuve, une personne inconnue (1) lui conféra ce sacrement. Dès-lors le jeune chrétien ne s'occupa plus que de prières, de veilles, de jeûnes et de bonnes œuvres, répandant à l'environ la bonne odeur de sa sainteté.

Il prêcha hardiment la Foi en un seul Dieu, en Jésus crucifié pour le salut des hommes, démontrant la vanité de la philosophie païenne, qui ne pouvait soutenir comparaison avec la beauté de la philosophie chrétienne. Tant de vertus rehaussées par le don des miracles ne manquèrent pas de porter d'heureux fruits : on rapporte qu'en une seule fois il donna le baptême à onze cents païens qui embrassèrent la foi du Christ.

Aurélien visitait alors les Gaules, persécutant les chrétiens.

---

(1) Quelques-uns disent que ce fut saint Parres.

Il apprend que Savinien convertit grand nombre d'idolâtres, et qu'il prêche la religion du crucifié. Il ordonne au gouverneur Crispin d'arrêter l'apôtre, pour empêcher ses prédications, de le faire revenir au culte des faux dieux, ou de lui faire subir les plus cruels tourments. Crispin, pour obéir aux ordres de son maître, envoie aussitôt des hommes d'armes à la recherche du Saint. Savinien était en prière, quand ils vinrent pour le saisir; mais le respect qu'il leur inspira fit qu'ils n'osèrent mettre la main sur lui. A cette nouvelle, Aurélien reprocha à Crispin et à ses soldats leur pusillanimité.

Il en fit envoyer d'autres qui, pénétrés du même respect, ne mirent point la main sur l'apôtre du Seigneur. — D'où venez-vous, se contenta de dire à Savinien le chef de la troupe? Quelque grand crime ne vous a-t-il pas fait bannir de votre patrie? — Non, répondit le saint ermite; l'amour de mon Dieu m'a conduit ici, c'est pour servir mon Dieu que je répands parmi vous les semences du ciel. — Et l'officier de lui dire : Venez avec nous, nous ne sommes que des serviteurs obligés d'obéir, nous avons l'ordre de vous amener à l'Empereur : il le veut ainsi.

Savinien n'hésita point de les accompagner. Allons, leur dit-il, je vais où Dieu m'appelle, je vais avec joie recevoir la couronne dont Dieu veut bien récompenser ma foi. — Et d'un pas ferme il marcha avec eux vers la ville.

Lorsque Savinien fut devant l'Empereur, celui-ci se sentit lui-même pénétré de respect : Votre nom? lui demanda-t-il, votre pays votre croyance?

— Savinien est mon nom, Samos est ma patrie, et je suis chrétien.

— Vous êtes dans une erreur grossière. Vous blasphémez nos dieux dont la sagesse régit le monde. Voyez Rome, la maîtresse des nations, tout obéit à ses ordres, gardez-vous de mépriser ce qu'elle approuve et d'insulter aux dieux

qu'elle adore. Suivez mes conseils et révérez ce que révèrent
les autres hommes.

Savinien indigné répliqua : Vous avez frappé vainement
l'air de vos paroles. Vous me donnez des conseils qu'il m'est
impossible de suivre. Ecoutez plutôt ce que j'ai à vous dire,
et vous obtiendrez de Dieu le salut éternel. Il n'est pas per-
mis d'annoncer, encore moins de croire dieux ou déesses,
ceux ou celles que vous adorez ; car ce n'est que devant de
vaines images que vous vous prosternez. Ce n'est qu'à des
troncs de bois, à des blocs de pierre, ou à des morceaux de
métal que vous offrez de l'encens et des sacrifices. En agis-
sant ainsi, n'êtes-vous pas les plus insensés des hommes ?
Ecoutez donc un salutaire avis : abandonnez vos ridicules
idoles, et attachez-vous à Jésus-Christ !

Aurélien, voyant qu'il ne pouvait rien sur cette âme te-
nace, fit jeter le Saint dans un noir cachot. Mais Savinien
convertit ses gardes et les baptisa. Informé de ce qui s'était
passé, l'Empereur se les fit amener : il chercha à les dissua-
der, et les trouvant fermes dans leur foi, il les fit déca-
piter.

Il ordonna ensuite de tirer Savinien de son cachot, et de
le présenter devant lui : Et bien, avez-vous réfléchi ?... Je
vous propose la vie ou la mort, choisissez. Je vous donne la
vie, si vous sacrifiez à nos dieux ; je vous donnerai la mort
par les plus cruels supplices, si vous leur refusez vos hom-
mages.

— Vous pouvez vaincre la chair en la meurtrissant, répondit le saint athlète ; mais vous ne pouvez rien sur l'âme
qui sait résister à vos ordres injustes.

Désespérant d'abattre ce grand courage, l'Empereur le fit
battre cruellement de verges, en sorte que le corps en était
tout meurtri ; mais Savinien ne laissa échapper aucune
plainte.

On appliqua sur la tête du martyr un casque de fer rougi

au feu. Par un effet de la miséricorde divine, le Saint n'en souffrit aucun dommage, dit la légende. Ce prodige émut trois des bourreaux, qui invoquèrent Savinien, confessèrent son dieu, et méritèrent sur-le-champ d'être mis à mort pour la foi de Jésus-Christ.

Savinien, soutenu par les faveurs dont le ciel le gratifiait, et aspirant à la couronne glorieuse promise aux athlètes vaillants dans les combats du Seigneur, reprochait au barbare empereur la faiblesse et l'inutilité de ses supplices. Où donc est votre puissance? lui disait-il. Voyez donc quelle est la force des serviteurs de mon Dieu, et le peu d'effet que produit sur eux la main de vos bourreaux.

A ces paroles, Aurélien transporté de fureur fit étendre Savinien sur un lit de fer, sous lequel on alluma un brasier ardent qu'on arrosa d'huile. Cette autre épreuve fut pour Savinien une douce rosée, comme jadis aux trois enfants babyloniens dans la fournaise, le Saint n'en éprouva aucun mal : le lit de fer fondit comme de la cire, et le feu respecta le corps du martyr.

Par ordre d'Aurélien, Savinien fut attaché à un poteau, et servit de point de mire à des archers chargés de le percer de leurs flèches. Mais comme le feu, les flèches respectèrent le serviteur de Dieu. Une de ces flèches, dit la légende, changeant de direction, vint frapper l'empereur et lui creva l'œil gauche.

Après cet accident, on replongea le Saint dans son cachot, sous bonne garde. Savinien se mit en prière, remercia Dieu de l'avoir tiré victorieux de tant d'épreuves, et lui offrit le sacrifice de sa vie avec humilité et résignation; mais le moment n'était pas arrivé : Dieu voulait encore glorifier son serviteur d'une autre victoire. Les gardiens furent frappés d'aveuglement, les chaînes dont Savinien était garotté tombèrent d'elles-mêmes, et, poussé de l'esprit de Dieu, il s'échappa de la prison.

Courroucé de cette évasion, l'empereur envoya un grand nombre de soldats à la poursuite du martyr, avec ordre de lui trancher la tête partout où ils l'atteindraient.

Savinien s'était rendu sur le bord de la Seine; dès qu'il aperçut les satellites d'Aurélien, il s'agenouilla et pria Dieu de lui accorder l'insigne faveur de passer le fleuve, et d'aller recevoir la palme du martyr au lieu même où il avait reçu la grâce du baptême.

Il fut exaucé dans cette demande. Comme Pierre autrefois sur la mer de Galilée, Savinien marcha sur l'eau de la Seine, qu'il traversa, et arriva au village de Rilly, aujourd'hui Sainte-Syre.

Les soldats, après de longs détours, trouvèrent enfin Savinien, mais ils n'osaient exécuter les ordres de l'empereur, ni même parler au Saint, tant il leur imposait par sa présence vénérable.

— Eh bien, soldats, qu'attendez-vous? Exécutez les ordres de votre maître. En obéissant à l'empereur, nous serons tous dignes d'éloges ; vous en me donnant la mort, moi en la recevant. Ne tardez pas davantage. Mais en me frappant, n'oubliez pas de porter quelques gouttes de mon sang à Aurélien, afin que, les appliquant sur son œil blessé, il recouvre la vue et qu'il reconnaisse la puissance infinie de mon Dieu.

Alors un des soldats frappa Savinien de son glaive, et lui trancha la tête. Savinien se releva, dit encore la légende, ramassa sa tête et la porta l'espace de quarante pas : puis il s'endormit dans la gloire de celui pour lequel il avait tant et si vaillamment combattu. *Bonum certamen certavi.*

A la vue de ce dernier prodige, quelques soldats confessèrent le nom de Jésus ; on rapporte qu'ayant recueilli sur un linge du sang de Savinien, ils le portèrent à l'empereur qui, le plaçant sur sa plaie, recouvra la vue, et rendit gloire au Dieu des Chrétiens.

Savinien mourut le **24** janvier de l'an **275**. L'église de

Troyes en célèbre la fête le dimanche qui suit, bien que le martyrologe romain en fasse mention le 29 du même mois.

Longtemps le lieu de la sépulture de saint Savinien demeura ignoré, à cause de la persécution qui s'acharnait contre le nom chrétien.

Une veuve, nommé Syre, qui demeurait aux environs de Troyes, entendant parler des miracles opérés en faveur de ceux qui réclamaient l'intercession du Saint, se fit conduire à Rilly où Savinien avait été martyrisé. Cette pieuse dame conjura le Saint d'obtenir de Dieu pour elle la grâce que la vue lui fût rendue. Elle avait à peine achevé sa prière, que déjà elle était guérie. Ce miracle attira à Rilly une foule immense de personnes. On fouilla l'endroit où s'était agenouillée l'aveugle, et l'on découvrit le corps de Savinien intact et exhalant un délicieux parfum.

En reconnaissance de cette guérison miraculeuse, Syre fit bâtir, avec le concours des fidèles, une chapelle en l'honneur de saint Savinien, et lui érigea un tombeau, près duquel elle passa le reste de sa vie dans des exercices de piété. C'est de cette pieuse femme que le village de Rilly prit le nom de Sainte-Syre, qu'il porte aujourd'hui.

Le corps de saint Savinien fut transféré à la cathédrale par les soins de l'évêque Ragnégisile, dont le tombeau est dans l'église de Sainte-Savine-lès-Troyes. Le trésor de la cathédrale ne possède plus qu'une faible partie de ces reliques.

Les églises de Sainte-Savine et de Saint-Parres-aux-Tertres gardent aussi quelques parcelles des reliques de saint Savinien (de la tête et d'un bras).

SAINTE SAVINE

Patronne d'un des faubourgs de Troyes

Savine, sœur de Savinien, naquit à Samos, île de l'Archipel, de Savin, noble et riche citoyen de cette ville, et d'une mère chaldéenne. Savine reçut une éducation toute païenne.

Lorsque Savinien eut quitté la maison paternelle, Savin reporta toute son affection sur l'enfant qui lui restait, sa Savine bien-aimée. Par ses égards, par ses caresses, il espérait se l'attacher sans réserve ; mais la jeune grecque ne songeait qu'à son frère chéri, dont elle déplorait amèrement l'absence. Elle invoquait vainement les dieux de son père, sans pouvoir en obtenir la moindre consolation.

Dans un de ces moments de profonde douleur, dont le sommeil est l'unique calmant, un ange apparut à Savine, et releva son âme abattue : « Cesse de pleurer, Savine, lui
» dit-il. Fais abandon de tout ce que tu as en Grèce, fuis les
» idoles et les idolâtres, et le Dieu des Chrétiens que sert
» ton Savinien te fera retrouver ce frère chéri. »

Savine, éveillée, communiqua sa vision à Maximiniole, sa sœur de lait. Elle lui déclara qu'encouragée par les consolantes promesses de l'ange, lesquelles ne pouvaient venir que d'en haut, elle était résolue à suivre ce conseil suprême, et à aller à la recherche de Savinien.

Ces deux jeunes filles partirent donc secrètement de Samos, sur un vaisseau qui faisait voile pour l'Italie.

Pendant que Savine s'enfuyait, son père était abîmé de douleur. Ses deux enfants l'avaient quitté, il ne lui en restait que le souvenir. En vain il implora ses dieux, en essayant de se les rendre favorables ; vainement il chargea leurs autels d'encens et de victimes.

Las bientôt de n'en obtenir rien, il eut recours à la prière. Il invoqua l'assistance du Nazaréen, et il en reçut une inspiration consolatrice, qui fit de Savin un serviteur du vrai Dieu.

Cependant Savine et sa compagne arrivaient à Rome, où elles s'arrêtèrent pour y recevoir les premières lumières de la Foi. Une pieuse dame, nommée Justine, les instruisit de la religion du Christ, et ne voulut laisser à personne le soin de les présenter pour être baptisées. Ce fut le saint prêtre Eusèbe, pape depuis, qui leur conféra ce sacrement. Savine, heureuse de tant de grâces, voulut témoigner sa profonde reconnaissance au Seigneur, en lui consacrant sa virginité.

Dieu signala bientôt la sainteté de Savine par le don des miracles.

Par ses prières et l'ardeur de sa foi elle guérissait les malades, rendait la vue aux aveugles, l'ouie aux sourds ; en un mot elle remplissait Rome du bruit de ses mérites.

Toute au bien qu'elle faisait dans la ville éternelle, elle semblait oublier Savinien. L'ange qui l'avait avertie de quitter Samos, lui ordonna de nouveau d'aller sans plus tarder dans les Gaules, à Troyes, où elle retrouvera son frère bien-aimé.

Docile à la voix de son ange, Savine quitta Rome et prit avec Maximiniole le chemin de la Gaule. Chemin faisant, elle séjourna à Ravenne, où Dieu fit briller les mérites de la jeune chrétienne. Une enfant, fille unique d'un citoyen distingué de cette ville, était sur le point de succomber à la maladie. L'esprit de Dieu conduisit Savine dans cette maison de désolation pour y demander l'hospitalité. Emue à la vue de l'affliction des parents de la malade, Savine invoqua son Dieu avec ferveur, et, prenant la moribonde par la main, elle la rendit pleine de santé à son père. Savine s'arracha à la reconnaissance de cette famille, et continua son voyage, poursuivie des regrets universels de la ville, témoin de sa cure miraculeuse.

Après de longues fatigues sur mer et sur terre, Savine atteignit enfin le pays des Tricasses. Du haut des montagnes où passe la route de la cité des Senonais à Augustobona, les deux grecques aperçurent les murailles qu'elles augurèrent être Troyes, la ville tant désirée.

— Quel bonheur, s'écria Savine, si nous pouvions rencontrer notre cher Savinien, ou au moins quelqu'un qui pût nous en donner des nouvelles!.... Elles apprennent en effet, d'un pâtre que la ville qu'elles voient est bien Troyes, le but de leur voyage.

— Sœur, dit Savine à sa compagne, cet homme qui vient à nous, enveloppé d'une toge patricienne, nous renseignera sans doute.

Celui que désignait la jeune grecque était un bourgeois de Troyes, nommé Lycérus, qui visitait ses champs.

— Que voulez-vous, dit-il aux voyageuses, quand elles se furent approchées de lui, qui êtes-vous? — Nous sommes des environs, répondit Savine, nous venons.....

— Pourquoi chercher à vous déguiser? Votre costume et votre langage montrent assez que vous êtes étrangères. — Oui, seigneur, reprit Savine; nous sommes grecques. Nous avons quitté Samos, notre patrie, pour chercher un frère que j'aime plus que moi-même.

Mon père l'avait fait instruire dans la science d'Aristote et de Platon; mais après avoir entendu les chrétiens d'Athènes, mon frère s'est fait baptiser. D'Athènes, il a passé à Rome pour compléter, disait-il, son instruction, et depuis, je ne sais ce qu'il est devenu. Désireuse de revoir ce frère chéri, je le cherche et je le demande partout. J'ai passé à Rome : j'y ai appris du pape Eusèbe que mon frère a été envoyé dans ces contrées en qualité d'apôtre. Je suis partie pour la Gaule, m'arrêtant à peine sur la route pour réparer mes forces, tant j'ai hâte d'arriver où est mon frère. Du reste, c'est ici, dans la Campanie, chez les Tricasses, qu'un ange m'a assuré que je retrouverai celui que je cherche.

— Et ce frère, comment le nommez-vous? — Savinien.

A ce nom, le patricien cessa de se poser en observateur défiant, son visage prit une teinte de douce mélancolie, et sa voix, le ton de la bienveillance : « Vous êtes bien heureuse, » fille de la Grèce, dit-il avec respect, vous avez eu pour » frère le père et l'évêque des chrétiens de ce pays. Il vint » dans cette Campanie, en descendant la Seine vers notre » ville. Il planta son bâton de pèlerin dans la vase de nos » marais, en jetant ce sublime cri d'apôtre : *Foy-cy!* C'est- » à-dire, *que la Foy soit icy!* »

« Par un de ces prodiges qui lui étaient familiers, le bâ- » ton de l'apôtre se couvrit de feuillage : le miracle et ses » exhortations eurent bientôt doublé le nombre des chrétiens » de la contrée. Votre frère vivait à l'ombre de son bâton » reverdi sous l'aile de Dieu, dans la villa du patricien Pa- » troclus. C'est là que mes amis et moi allions, sous la pré- » sidence de Savinien, participer aux mystères de la Foi. » Hélas !... tous ces amis ont disparu. De Sens, l'empereur » Aurélien apprend le succès de la parole de Savinien. Il » fond sur Troyes comme un foudre. — Vite, qu'on lui » amène Savinien et ses acolytes !... Oh! vous eussiez été » fière, fille de Samos, en entendant votre frère confesser » le nom du Christ devant la majesté impériale, en le voyant » braver le chevalet, le casque de fer enflammé, le gril et » la fournaise. Il était si bien en Dieu, ce vénérable apôtre, » que le feu le respecta. Il instruisait la multitude accourue

» à son supplice, et la convertissait à sa foi. Il adjurait l'em-
» pereur lui-même de songer au salut de son âme ; Aurélien
» ordonna qu'on le liât à un poteau pour y être percé de
» flèches : l'une d'elles ricocha et vint frapper l'œil du
» tyran. Le martyr pourtant eut un sursis. Dieu permit
» qu'il s'échappât des mains de ses bourreaux ; mais Auré-
» lien le fit poursuivre. Vous devinez le reste ; un glaive li-
» vra passage à l'âme, et elle s'envola dans le sein de
» Dieu. »

Quand Lycérus eut achevé ce récit navrant, la jeune grecque cacha sa tête dans ses mains, et pleura. Comprenant
qu'il est des douleurs dont on ne console point, Lycérus s'en
alla tout triste voir ses esclaves dans ses champs.

— Mort !... ô mon Dieu ! disait Savine en sanglottant.
Mort !... Et pourtant, Seigneur Jésus, un de vos anges m'a-
vait promis que je reverrais Savinien !... ô mon Dieu, faites
que je revoie mon frère !...

Et la jeune vierge de tomber en extase sur le gazon. Dans
son ravissement, sa belle âme rompit les liens de la chair,
elle prit son essor vers le ciel, en laissant au monde le plus
touchant exemple d'amour fraternel. La prière de Savine
était exaucée, la sœur revoyait son frère pour n'en être plus
séparée.

A son retour des champs, Lycérus retrouva les voyageuses à la même place ; mais celle qui lui avait parlé était
sans vie sur les genoux de l'autre.

— Mon Dieu, disait Maximiniole en levant des yeux pleins
de larmes, pourquoi me laissez-vous seule ici, si loin de
mon pays, de mes montagnes et de mon beau ciel ?... Puis-
que j'ai perdu ma Savine, ma sœur chérie, que ne me prenez-
vous aussi ?...

Et s'adressant à Lycérus, elle ajoutait : ayez pitié de ma
douleur !... Donnez-moi un linceul, Seigneur, que j'ensève-
lisse cette sœur bien-aimée !... Oh ! c'est une sainte..... ma

Savine!... En se faisant chrétienne, elle a renoncé à la plus brillante fortune... en se vouant à Dieu, elle a méprisé les plus belles alliances du Peloponnèse. A Rome, elle se fit admirer pour sa charité. A Ravenne, une jeune fille allait mourir, sa mère pleurait comme je pleure ; et bien, forte de l'esprit de Dieu, Savine toucha la malade, et la rendit saine et sauve à ses parents. Oh! c'est une sainte!... ma Savine!...

Lycérus édifié, n'avait pas besoin de tant de recommandations pour rendre les derniers devoirs à l'étrangère. Avec le concours de quelques chrétiens, il l'inhuma aux portes de Troyes, que son frère avait éclairée du flambeau de la Foi, et Lycérus prit soin de Maximiniole dont il assura l'existence.

La légende rapporte qu'une femme, nommée Eleuthère, aveugle et impotente, fut guérie par le seul attouchement du corps de Savine.

Une croix, érigée sur le bord de la route de Sens, indique, d'après la tradition, le lieu où mourut Savine. Cette croix porte le nom de *Croix la Motte*.

Au septième siècle, l'évêque Ragnégisile donna à la vierge sainte, pour monument funéraire, la gracieuse église qu'il mit sous le vocable de Sainte-Savine, dans le faubourg occidental de Troyes, et, afin de montrer son profond respect pour la Sainte, il voulut être inhumé dans son temple.

L'église de Troyes fait l'office de sainte Savine le 28 janvier, et le martyrologe romain, le 29 du même mois.

Nous empruntons ces détails de la *Saincteté Chrestienne* de N. Desguerrois ; de la *Topographie historique* de Courtalon, curé de Sainte-Savine, et de la *Vie des Saints* de M. E. Defer, curé des Noës, etc., etc.

Puissions-nous contribuer à la glorification du saint apôtre de Troyes et de la patronne de notre faubourg, en même temps qu'à l'édification de nos lecteurs!

Par un Troyen.